BAUDELAIRE DUFAŸS.

SALON DE 1845.

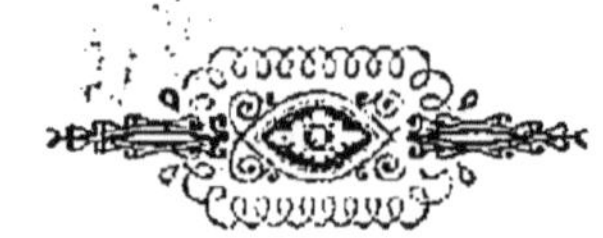

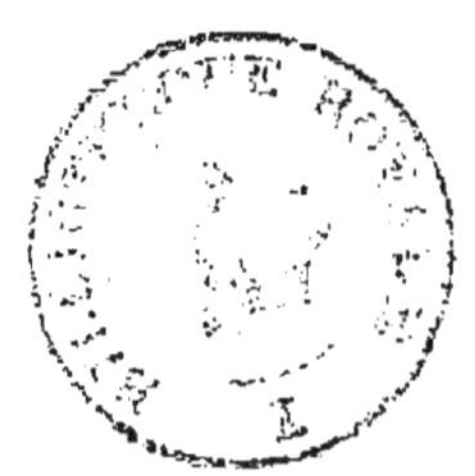

PARIS.
JULES LABITTE, ÉDITEUR,
3, QUAI VOLTAIRE.

1845

Imprimerie Dondey-Dupré, rue Saint-Louis, 46, au Marais.

SALON DE 1845.

I

QUELQUES MOTS D'INTRODUCTION.

Nous pouvons dire au moins avec autant de justesse qu'un écrivain bien connu à propos de ses petits livres : ce que nous disons, les journaux n'oseraient l'imprimer. Nous serons donc bien cruels et bien insolents? non pas, au contraire, impartiaux. Nous n'avons pas d'amis, c'est un grand point, et pas d'ennemis. — Depuis que M. G. Planche, un paysan du Danube, dont l'éloquence impérative et savante s'est tue au grand regret des sains esprits, la critique des journaux, tantôt niaise, tantôt furieuse, jamais indépendante, a par ses mensonges et ses camaraderies effrontées dégoûté le bourgeois de ces utiles guide-ânes qu'on nomme comptes rendus de salons (1).

Et tout d'abord, à propos de cette impertinente appellation, le *bourgeois*, nous déclarons que nous ne partageons nullement les préjugés de nos grands confrères *artistiques* qui se sont évertués depuis plusieurs années à jeter l'anathème sur cet être inoffensif qui ne demanderait pas mieux que d'aimer la bonne peinture, si ces messieurs savaient la lui faire comprendre, et si les artistes la lui montraient plus souvent.

Ce mot qui sent l'argot d'atelier d'une lieue devrait être supprimé du dictionnaire de la critique.

Il n'y a plus de bourgeois, depuis que le bourgeois — ce qui prouve sa bonne volonté à devenir artistique, à l'égard des feuilletonistes — se sert lui-même de cette injure.

En second lieu le bourgeois — puisque bourgeois il y a — est fort respectable ; car il faut plaire aux frais de qui l'on veut vivre.

Et enfin, il y a tant de bourgeois parmi les artistes, qu'il vaut mieux en somme, supprimer un mot qui ne caractérise aucun vice particulier de caste, puisqu'il peut s'appliquer également aux uns, qui ne demandent pas mieux que de ne plus le mériter, et aux autres, qui ne se sont jamais doutés qu'ils en étaient dignes.

(1) Citons une belle et honorable exception, M. Delécluze, dont nous ne partageons pas toujours les opinions; mais qui a toujours su sauvegarder ses franchises, et qui sans fanfares ni

C'est avec le même mépris de toute opposition et criailleries systématiques, opposition et criailleries devenues banales et communes (1), c'est avec le même esprit d'ordre, le même amour du bon sens, que nous repoussons loin de cette petite brochure toute discussion, et sur les jurys en général, et sur le jury de peinture en particulier, et sur la réforme du jury devenue, dit-on, nécessaire, et sur le *mode et la fréquence* des expositions, etc... D'abord il faut un jury, ceci est clair — et quant au retour annuel des expositions, que nous devons à l'esprit éclairé et libéralement paternel d'un roi, à qui le public et les artistes doivent la jouissance de six musées (la galerie des Dessins, le supplément de la galerie Française, le musée Espagnol, le musée Standish, le musée de Versailles et celui de Marine), un esprit juste verra toujours qu'un grand artiste n'y peut que gagner, vu sa fécondité naturelle, et qu'un médiocre n'y peut trouver que le châtiment mérité.

Nous parlerons de tout ce qui attire les yeux de la foule et des artistes ; — la conscience de notre métier nous y oblige. — Tout ce qui plaît a une raison de plaire, et mépriser les attroupements de ceux qui s'égarent n'est pas le moyen de les ramener où ils devraient être.

Notre méthode de discours consistera simplement à

emphase a eu souvent le mérite de dénicher les talents jeunes et inconnus.

(1) Les réclamations sont peut-être justes, mais elles sont criailleries, parce qu'elles sont devenues systématiques.

diviser notre travail en tableaux d'histoire et portraits — tableaux de genre et paysages — sculpture — gravures et dessins, et à ranger les artistes suivant l'ordre et le grade que leur a assignés l'estime publique.

8 mai 1845.

II

TABLEAUX D'HISTOIRE.

DELACROIX.

M. Delacroix est décidément le peintre le plus original des temps anciens et des temps modernes. Cela est ainsi, qu'y faire? Aucun des amis de M. Delacroix, et des plus enthousiastes, n'a osé le dire simplement, crûment, impudemment, comme nous. Grâce à la justice tardive des heures qui amortissent les rancunes, les étonnements et les mauvais vouloirs, et emportent lentement chaque obstacle dans la tombe, nous ne sommes plus au temps où le nom de M. Delacroix était un motif à signes de croix pour les *arriéristes*, et un symbole de ralliement pour toutes les oppositions, intelligentes ou non; ces *beaux temps* sont passés. M. Delacroix restera toujours un peu contesté, juste autant qu'il faut pour ajouter quelques éclairs à son auréole. Et tant mieux! Il a le droit d'être toujours jeune, car il ne nous a pas trompés, lui, il ne nous a pas menti comme quelques idoles ingrates que nous avons portées dans nos panthéons. M. Delacroix n'est pas encore de l'Académie, mais il en fait partie moralement ; dès longtemps il a tout dit, dit tout ce qu'il faut pour être le premier — c'est convenu ; — il ne lui reste plus — prodigieux tour de force d'un génie sans cesse en quête du neuf — qu'à progresser dans la voie du bien — où il a toujours marché.

M. Delacroix a envoyé cette année quatre tableaux :

1° La Madeleine dans le désert.

C'est une tête de femme renversée dans un cadre très-étroit. A droite dans le haut, un petit bout de ciel ou de rocher — quelque chose de bleu ; — les yeux de la Madeleine sont fermés, la bouche est molle et languissante, les cheveux épars. Nul, à moins de la voir, ne peut imaginer ce que l'artiste a mis de poésie intime, mystérieuse et romantique dans cette simple tête. Elle est peinte presque par hachures comme beaucoup de peintures de M. Delacroix ; les tons, loin d'être éclatants ou intenses, sont très-doux et très-modérés ; l'aspect est presque gris, mais d'une harmonie parfaite. Ce tableau nous démontre une vérité soupçonnée depuis longtemps et plus claire encore dans un autre tableau dont nous parlerons tout à l'heure ; c'est que M. Delacroix est plus fort que jamais, et dans une voie de progrès sans cesse renaissante, c'est-à-dire qu'il est plus que jamais harmoniste.

2° Dernières paroles de Marc-Aurèle.

Marc-Aurèle lègue son fils aux stoïciens. — Il est à moitié nu et mourant, et présente le jeune Commode, jeune, rose, mou et voluptueux et qui a l'air de s'ennuyer, à ses sévères amis groupés autour de lui dans des attitudes désolées.

Tableau splendide, magnifique, sublime, incompris. — Un critique connu a fait au peintre un grand éloge d'avoir placé Commode, c'est-à-dire l'avenir, dans la lumière ; les stoïciens, c'est-à-dire le passé, dans l'ombre ; — que d'esprit! Excepté deux figures dans la demi-teinte, tous les personnages ont leur portion de lumière. Cela nous rappelle l'admiration d'un littérateur républicain qui félicitait sincèrement le grand Rubens d'avoir, dans un de ses tableaux officiels de la galerie Médicis, débraillé l'une des bottes et le bas de Henri IV, trait de satire indépendante, coup de griffe libéral contre la débauche royale. Rubens sans-culotte ! ô critique ! ô critiques !...

Nous sommes ici en plein Delacroix, c'est-à-dire que nous avons devant les yeux l'un des spécimens les plus complets de ce que peut le génie dans la peinture.

Cette couleur est d'une science incomparable, il n'y a pas une seule faute, — et, néanmoins, ce ne sont que tours de force — tours de force invisibles à l'œil inattentif, car l'harmonie est sourde et profonde; la couleur, loin de perdre son originalité cruelle dans cette science nouvelle et plus complète, est toujours sanguinaire et terrible. — Cette pondération du vert et du rouge plaît à notre âme. M. Delacroix a même introduit dans ce tableau, à ce que nous croyons du moins, quelques tons dont il n'avait pas encore l'usage habituel. — Ils se font bien valoir les uns les autres. — Le fond est aussi sérieux qu'il le fallait pour un pareil sujet.

Enfin, disons-le, car personne ne le dit, ce tableau est parfaitement bien dessiné, parfaitement bien modelé. — Le public se fait-il bien une idée de la difficulté qu'il y a à modeler avec de la couleur? La difficulté est double, — modeler avec un seul ton, c'est modeler avec une estompe, la difficulté est simple; — modeler avec de la couleur, c'est dans un travail subit, spontané, compliqué, trouver d'abord la logique des ombres et de la lumière, ensuite la justesse et l'harmonie du ton; autrement dit, c'est, si l'ombre est verte et une lumière rouge, trouver du premier coup une harmonie de vert et de rouge, l'un obscur, l'autre lumineux, qui rendent l'effet d'un objet monochrome et *tournant*.

Ce tableau est parfaitement bien dessiné. Faut-il, à propos de cet énorme paradoxe, de ce blasphème impudent, répéter, réexpliquer ce que M. Gautier s'est donné la peine d'expliquer dans un de ses feuilletons de l'année dernière, à propos de M. Couture —car M. Th. Gautier, quand les œuvres vont bien à son tempérament et à son éducation littéraires, commente bien ce qu'il sent juste — à savoir, qu'il y a deux genres de dessins, le dessin des coloristes et le dessin des dessinateurs. — Les procédés sont inverses; mais on peut bien dessiner avec une couleur effrénée, comme on peut trouver des masses de couleur harmonieuses, tout en restant dessinateur exclusif.

Donc, quand nous disons que ce tableau est bien dessiné, nous ne voulons pas faire entendre qu'il est dessiné comme un Raphaël; nous voulons dire qu'il est dessiné d'une manière impromptue et spirituelle; que ce genre de dessin, qui a quelque analogie avec celui de tous les grands coloristes, de Rubens, par exemple, rend bien, rend parfaitement le mouvement, la physionomie, le caractère insaisissable et tremblant de la nature, que le dessin de Raphaël ne rend jamais. — Nous ne connaissons à Paris, que deux hommes qui dessinent aussi bien que M. Delacroix, l'un d'une manière analogue, l'autre dans une méthode contraire. — L'un est M. Daumier, le caricaturiste; l'autre, M. Ingres, le grand peintre, l'adorateur rusé de Raphaël. — Voilà certes qui doit stupéfier les amis et les ennemis, les séides et les antagonistes; mais avec une attention lente et studieuse, chacun verra que ces trois *dessins* différents ont ceci de commun, qu'ils rendent parfaitement et complétement le côté de la nature qu'ils veulent rendre, et qu'ils disent juste ce qu'ils veulent dire. — Daumier dessine peut-être mieux que Delacroix, si l'on veut préférer les qualités saines, bien portantes, aux facultés étranges et étonnantes d'un grand génie ma-

lade de génie; M. Ingres, si amoureux du détail, dessine peut-être mieux que tous les deux, si l'on préfère les finesses laborieuses à l'harmonie de l'ensemble, et le caractère du morceau au caractère de la composition, mais. . . . .
. . . .
aimons-les tous les trois.

3° Une Sibylle qui montre le rameau d'or.

C'est encore d'une belle et originale couleur. — La tête rappelle un peu l'indécision charmante des dessins sur Hamlet. — Comme modelé et comme pâte, c'est incomparable; l'épaule nue vaut un Corrége.

4° Le Sultan de Maroc entouré de sa garde et de ses officiers.

Voilà le tableau dont nous voulions parler tout à l'heure quand nous affirmions que M. Delacroix avait progressé dans la science de l'harmonie. — En effet, déploya-t-on jamais en aucun temps une plus grande coquetterie musicale? Véronèse fut-il jamais plus féerique? Fit-on jamais chanter sur une toile de plus capricieuses mélodies? un plus prodigieux accord de tons nouveaux, inconnus, délicats, charmants? Nous en appelons à la bonne foi de quiconque connaît son vieux Louvre; — qu'on cite un tableau de grand coloriste, où la couleur ait autant d'esprit que dans celui de M. Delacroix. — Nous savons que nous serons compris d'un petit nombre, mais cela nous suffit. — Ce tableau est si harmonieux malgré la splendeur des tons, qu'il en est gris — gris comme la nature — gris comme l'atmosphère de l'été, quand le soleil étend comme un crépuscule de poussière tremblante sur chaque objet. — Aussi ne l'aperçoit-on pas du premier coup; — ses voisins l'assomment. — La composition est excellente; — elle a quelque chose d'inattendu parce qu'elle est vraie et naturelle. . . . .

. . . .

. . . .

P. S. On dit qu'il y a des éloges qui compromettent, et que mieux vaut un sage ennemi......... etc. Nous ne croyons pas, nous, qu'on puisse compromettre le génie en l'expliquant.

HORACE VERNET.

Cette peinture africaine est plus froide qu'une belle journée d'hiver. — Tout y est d'une blancheur et d'une clarté désespérantes. L'unité, nulle; mais, une foule de petites anecdotes intéressantes — un vaste panorama de cabaret; — en général, ces sortes de décorations sont divisées en manière de compartiments ou d'actes, par un arbre, une grande montagne, une caverne, etc. M. Horace Vernet a suivi la même méthode; grâce à cette méthode de feuilletoniste, la mémoire du spectateur retrouve ses jalons, à savoir : un grand chameau, des biches, une tente, etc...—vraiment c'est une douleur que de voir un homme d'esprit patauger dans l'horrible. — M. Horace Vernet n'a donc jamais vu les Rubens, les Véronèse, les Tintoret, les Jouvenet, morbleu!...

WILLIAM HAUSSOULLIER.

Que M. William Haussoullier ne soit point surpris, d'abord, de l'éloge violent que nous allons faire de son tableau, car ce n'est qu'après l'avoir consciencieusement et minutieusement analysé que nous en avons pris la résolution ; en second lieu, de l'accueil brutal et malhonnête que lui fait un public français, et des éclats de rire qui passent devant lui. Nous avons vu plus d'un critique, important dans la presse, lui jeter en passant son petit mot pour rire — que l'auteur n'y prenne pas garde. — Il est beau d'avoir un succès à la *Saint-Symphorien.*

Il y a deux manières de devenir célèbre : par agrégation de succès annuels, et par coup de tonnerre. Certes le dernier moyen est le plus original. Que l'auteur songe aux clameurs qui accueillirent le Dante et Virgile, et qu'il persévère dans sa propre voie; bien des railleries malheureuses tomberont encore sur cette œuvre, mais elle restera dans la mémoire de quiconque a de l'œil et du sentiment; puisse son succès aller toujours s'élargissant, car il doit y avoir succès.

Après les tableaux merveilleux de M. Delacroix,

celui-ci est véritablement le morceau capital de l'exposition; disons mieux, il est, dans un certain sens toutefois, le tableau unique du salon de 1845; car M. Delacroix est depuis longtemps un génie illustre, une gloire acceptée et accordée ; il a donné cette année quatre tableaux; M. William Haussoullier hier était inconnu, et il n'en a envoyé qu'un.

Nous ne pouvons nous refuser le plaisir d'en donner d'abord une description, tant cela nous paraît gai et délicieux à faire. — C'est la *Fontaine de Jouvence;* — sur le premier plan trois groupes ; — à gauche deux jeunes gens, ou plutôt deux rajeunis, les yeux dans les yeux, causent de fort près, et ont l'air de faire l'amour allemand. — Au milieu une femme vue de dos, à moitié nue, bien blanche, avec des cheveux bruns crespelés, jase aussi en souriant avec son partenaire ; elle a l'air plus sensuel, et tient encore un miroir où elle vient de se regarder — enfin, dans le coin à droite, un homme vigoureux et élégant—une tête ravissante, le front un peu bas, les lèvres un peu fortes—pose en souriant son verre sur le gazon, pendant que sa compagne verse quelque élixir merveilleux dans le verre d'un long et mince jeune homme debout devant elle.

Derrière eux, sur le second plan, un autre groupe étendu tout de son long sur l'herbe : — ils s'embrassent — Sur le milieu du second, une femme nue et debout, tord ses cheveux d'où dégouttent les derniers pleurs de l'eau salutaire et fécondante ; une autre nue et à moitié couchée, semble comme une chrysalide, encore enveloppée dans la dernière vapeur de sa métamorphose. — Ces deux femmes, d'une forme délicate, sont vaporeusement, outrageusement blanches; elles commencent pour ainsi dire à reparaître. — Celle qui est debout a l'avantage de séparer et de diviser symétriquement le tableau. — Cette statue, presque vivante, est d'un excellent effet, et sert, par son contraste, les tons violents du premier plan, qui acquièrent encore plus de vigueur. La fontaine que quelques critiques trouveront sans doute un peu *Séraphin*, cette fontaine fabuleuse nous plaît; elle se partage en deux nappes, et se découpe, se fend en franges vacillantes, et minces comme l'air. — Dans un sentier tortueux qui conduit l'œil jusqu'au fond du tableau, arrivent, courbés et barbus, d'heureux sexagénaires. — Le fond de droite est occupé par des bosquets où se font des ballets et des réjouissances.

Le sentiment de ce tableau est exquis ; dans cette composition l'on aime et l'on boit, — aspect voluptueux — mais l'on boit et l'on aime d'une manière très-sérieuse, presque mélancolique. Ce ne sont pas des jeunesses fougueuses et remuantes, mais de secondes jeunesses qui connaissent le prix de la vie, et qui en jouissent avec tranquillité.

Cette peinture a, selon nous, une qualité très-importante, dans un musée surtout — elle est très-voyante. — Il n'y a pas moyen de ne pas la voir. La couleur est d'une crudité terrible, impitoyable, téméraire même, si l'auteur était un homme moins fort ; mais... elle est *distinguée*, mérite si couru par MM. de l'école d'Ingres. — Il y a des alliances de tons heureuses ; il se peut que l'auteur devienne plus tard un franc coloriste.—Autre qualité énorme et qui fait les hommes, les vrais hommes, cette peinture a la foi—elle a la foi de sa beauté, — c'est de la peinture absolue, convaincue, qui crie : je veux, je veux être belle, et belle comme je l'entends, et je sais que je ne manquerai pas de gens à qui plaire.

Le dessin, on le devine, est aussi d'une grande volonté, et d'une grande finesse ; les têtes ont un joli caractère. —Les attitudes sont toutes bien trouvées. —L'élégance et la *distinction* sont partout le signe particulier de ce tableau.

Cette œuvre aura-t-elle un succès prompt? Nous l'ignorons. — Un public a toujours, il est vrai, une conscience et une bonne volonté qui le précipitent vers le vrai ; mais il faut le mettre sur une pente, et lui imprimer l'élan, et notre plume est encore plus ignorée que le talent de M. Haussoullier.

Si l'on pouvait, à différentes époques, et à diverses reprises, faire une exhibition de la même œuvre, nous pourrions garantir la justice du public envers cet artiste.

Du reste, sa peinture est assez osée pour bien porter les affronts, et elle promet un homme qui sait assumer la responsabilité de ses œuvres ; il n'a donc qu'à faire un nouveau tableau.

Oserons-nous, après avoir si franchement déployé nos sympathies (mais notre vilain devoir nous oblige à penser à tout), oserons-nous dire que le nom de Jean Bellin et de quelques Vénitiens des premiers temps nous a traversé la mémoire, après notre douce contemplation ? M. Haussoullier serait-il de ces hommes qui en savent trop long sur leur art? C'est là un fléau bien dangereux, et qui comprime dans leur naïveté bien d'excellents mouvements. Qu'il se défie de son érudition, qu'il se défie même de son goût—mais c'est là un illustre défaut, —et ce tableau contient assez d'originalité pour promettre un heureux avenir.

DECAMPS.

Approchons vite — car les Decamps allument la curiosité d'avance—on se promet toujours d'être surpris— on s'attend à du nouveau—M. Decamps nous a ménagé cette année une surprise qui dépasse toutes celles qu'il a travaillées si longtemps avec tant d'amour, voire les Crochets et les Cimbres ; M. Decamps a fait du Raphaël et du Poussin. — Eh ! mon Dieu !—oui.

Hâtons-nous de dire, pour corriger ce que cette phrase a d'exagéré, que jamais imitation ne fut mieux dissimulée ni plus savante—il est bien permis, il est louable d'imiter ainsi.

Franchement — malgré tout le plaisir qu'on a à lire dans les œuvres d'un artiste les diverses transformations de son art, et les préoccupations successives de son esprit, nous regrettons un peu l'ancien Decamps.

Il a, avec un esprit de choix qui lui est particulier, entre tous les sujets bibliques, mis la main sur celui qui allait le mieux à la nature de son talent ; c'est l'histoire étrange, baroque, épique, fantastique, mythologique de Samson, l'homme aux travaux impossibles, qui dérangeait les maisons d'un coup d'épaule — de cet antique cousin d'Hercule et du baron de Munchhausen. — Le premier de ces dessins — l'apparition de l'ange dans un grand paysage — a le tort de rappeler des choses que l'on connaît trop — ce ciel crû, ces quartiers de roches, ces horizons graniteux sont sus dès longtemps par toute la jeune école — et quoiqu'il soit vrai de dire que c'est M. Decamps qui les lui a enseignés, nous souffrons devant un Decamps de penser à M. Guignet.

Plusieurs de ces compositions ont, comme nous l'avons dit, une tournure très-italienne — et ce mélange de l'esprit des vieilles et grandes écoles avec l'esprit de M. Decamps, intelligence très-flamande à certains égards, a produit un résultat des plus curieux. — Par exemple, on trouvera à côté de figures qui affectent, heureusement du reste, une allure de grands tableaux, une idée de fenêtre ouverte par où le soleil vient éclairer le parquet de manière à réjouir le Flamand le plus *étudieur*. — Dans le dessin qui représente l'ébranlement du Temple, dessin composé comme un grand et magnifique tableau, — gestes, attitudes d'histoire—on reconnaît le génie de Decamps tout pur dans cette ombre volante de l'homme qui enjambe plusieurs marches, et qui reste éternellement suspendu en l'air — Combien d'autres n'auraient pas songé à ce détail, ou du moins l'auraient rendu d'une autre manière ! mais M. Decamps aime rendre la nature sur le fait, par son côté fantastique et réel à la fois — dans son aspect le plus subit et le plus inattendu.

Le plus beau de tous est sans contredit le dernier — le Samson aux grosses épaules, le Samson invincible est condamné à tourner une meule — sa chevelure, ou plutôt sa crinière n'est plus — ses yeux sont crevés — le héros est courbé au labeur comme un animal de trait—la ruse et la trahison ont dompté cette force terrible qui aurait pu déranger les lois de la nature — A la bonne heure—voilà du Decamps, du vrai et du meilleur—nous retrouvons donc enfin cette ironie, ce fantastique, j'allais presque dire ce comique que nous regrettions tant à l'aspect des premiers —Samson tire la machine comme un cheval ; il marche pesamment et voûté avec une naïveté grossière — une naïveté de lion dépossédé, la tristesse résignée et presque l'abrutissement du roi des forêts, à qui l'on ferait traîner une charrette de vidanges ou du mou pour les chats.

Un surveillant, un geôlier, sans doute, dans une attitude attentive et faisant silhouette sur un mur, dans l'ombre, au premier plan—le regarde faire. — Quoi de plus complet que ces deux figures et cette meule ? Quoi de plus intéressant ? Il n'était même pas besoin de mettre ces curieux derrière les barreaux d'une ouverture —la chose était déjà belle et assez belle.

M. Decamps a donc fait une magnifique illustration, et de grandioses vignettes à ce poëme étrange de Samson — et cette série de dessins où l'on pourrait peut-être blâmer quelques murs et quelques objets trop bien faits, et le mélange minutieux et rusé de la peinture et du crayon—est, à cause même des intentions nouvelles qui y brillent, une des plus belles surprises que nous ait faites cet artiste prodigieux, qui, sans doute, nous en prépare d'autres.

ROBERT FLEURY.

M. Robert Fleury reste toujours semblable et égal à lui-même, c'est-à-dire un très-bon et très-curieux peintre. —Sans avoir précisément un mérite éclatant, et pour ainsi dire un genre de génie involontaire comme les premiers maîtres, il possède tout ce que donnent la volonté et le bon goût. La volonté fait une grande partie de sa réputation comme de celle de M. Delaroche. —Il faut que la volonté soit une faculté bien belle et toujours bien fructueuse, pour qu'elle suffise à donner un cachet, un style quelquefois violent à des œuvres méritoires, mais d'un ordre secondaire comme celles de M. Robert Fleury. —C'est à cette volonté tenace, infatigable et toujours en haleine, que les tableaux de cet artiste doivent leur charme presque sanguinaire. — Le spectateur jouit de l'effort et l'œil boit la sueur. — C'est là surtout, répétons-le, le caractère principal et glorieux de cette peinture, qui, en somme, n'est ni du dessin, quoique M. Robert Fleury dessine très-spirituellement, ni de la couleur, quoiqu'il colore vigoureusement; cela n'est ni l'un ni l'autre, parce que cela n'est pas exclusif. — La couleur est chaude, mais la manière est pénible; le dessin habile, mais non pas original.

Son *Marino Faliero* rappelle imprudemment un magnifique tableau qui fait partie de nos plus chers souvenirs. —Nous voulons parler du *Marino Faliero* de M. Delacroix. — La composition était analogue; mais combien plus de liberté, de franchise et d'abondance!...

Dans l'*Auto-da-fé*, nous avons remarqué avec plaisir quelques souvenirs de Rubens, habilement transformés. — Les deux condamnés qui brûlent, et le vieillard qui s'avance les mains jointes. — C'est encore là cette année le tableau le plus original de M. Robert Fleury. —La composition en est excellente, toutes les intentions louables, presque tous les morceaux sont bien réussis. — Et c'est là surtout que brille cette faculté de volonté cruelle et patiente, dont nous parlions tout à l'heure. — Une seule chose est choquante, c'est la femme demi-nue, vue de face au premier plan; elle est froide à force d'efforts dramatiques. — De ce tableau, nous ne saurions trop louer l'exécution de certains morceaux. —Ainsi certaines parties nues des hommes qui se contorsionnent dans les flammes sont de petits chefs-d'œuvre. — Mais nous ferons remarquer que ce n'est que par l'emploi successif et patient de plusieurs moyens secondaires que l'artiste s'efforce d'obtenir l'effet grand et large du tableau d'histoire.

Son étude de *Femme nue* est une chose commune et qui a trompé son talent.

L'Atelier de Rembrandt est un pastiche très-curieux;

mais il faut prendre garde à ce genre d'exercice. On risque parfois d'y perdre ce qu'on a.

Au total, M. Robert Fleury est toujours et sera longtemps un artiste éminent, distingué, chercheur, à qui il ne manque qu'un millimètre ou qu'un milligramme de n'importe quoi pour être un beau génie.

GRANET

A exposé *Un chapitre de l'ordre du Temple.* Il est généralement reconnu que M. Granet est un maladroit plein de sentiment, et l'on se dit devant ses tableaux : « Quelle simplicité de moyens et pourtant quel effet ! » Qu'y a-t-il donc là de si contradictoire? Cela prouve tout simplement que c'est un artiste fort adroit et qui déploie une science très-apprise dans sa spécialité de vieilleries gothiques ou religieuses, un talent très-roué et très-décoratif.

ACHILLE DEVERIA.

Voici un beau nom, voilà un noble et vrai artiste à notre sens.

Les critiques et les journalistes se sont donné le mot pour entonner un charitable *De profundis* sur le défunt talent de M. Eugène Devéria, et chaque fois qu'il prend à cette vieille gloire romantique la fantaisie de se montrer au jour, ils l'ensevelissent dévotement dans la *Naissance de Henri IV*, et brûlent quelques cierges en l'honneur de cette ruine. C'est bien, cela prouve que ces messieurs aiment le beau consciencieusement, cela fait honneur à leur cœur. Mais d'où vient que nul ne songe à jeter quelques fleurs sincères et à tresser quelques loyaux articles en faveur de M. Achille Devéria ? Quelle ingratitude ! Pendant de longues années, M. Achille Devéria a puisé, pour notre plaisir, dans son inépuisable fécondité, de ravissantes vignettes, de charmants petits tableaux d'intérieur, de gracieuses scènes de la vie élégante, comme nul keepsake, malgré les prétentions des réputations nouvelles, n'en a depuis édité. Il savait colorer la pierre lithographique ; tous ses dessins étaient pleins de charmes, distingués, et respiraient je ne sais quelle rêverie amène. Toutes ses femmes coquettes et doucement sensuelles étaient les idéalisations de celles que l'on avait vues et désirées le soir dans les concerts, aux Bouffes, à l'Opéra ou dans les grands salons. Ces lithographies que les marchands achètent trois sols et qu'ils vendent un franc, sont les représentantes fidèles de cette vie élégante et parfumée de la restauration, sur laquelle plane comme un ange protecteur le romantique et blond fantôme de la duchesse de Berry.

Quelle ingratitude ! Aujourd'hui l'on n'en parle plus, et tous nos ânes routiniers et anti-poétiques se sont amoureusement tournés vers les âneries et les niaiseries vertueuses de M. Jules David, vers les paradoxes pédants de M. Vidal.

Nous ne dirons pas que M. Achille Devéria a fait un excellent tableau — mais il a fait un tableau — *Sainte Anne instruisant la Vierge*, — qui vaut surtout par des qualités d'élégance et de composition habile,

— c'est plutôt, il est vrai, un coloriage qu'une peinture, et par ces temps de *critique picturale, d'art catholique* et *de crâne facture*, une pareille œuvre doit nécessairement avoir l'air naïf et dépaysé — Si les ouvrages d'un homme célèbre, qui a fait votre joie, vous paraissent aujourd'hui naïfs et dépaysés, enterrez-le donc au moins avec un certain bruit d'orchestre, égoïstes populaces !

BOULANGER

a donné *Une sainte famille*, détestable.

Les Bergers de Virgile, médiocres.

Des Baigneuses, un peu meilleures que des Duval Lecamus et des Maurin, et *Un portrait d'homme* qui est d'une bonne pâte.

Voilà les dernières ruines de l'ancien romantisme — voilà ce que c'est que de venir dans un temps où il est reçu de croire que l'inspiration suffit et remplace le reste ; — voilà l'abîme où mène la course désordonnée de Mazeppa, — c'est M. Victor Hugo qui a perdu M. Boulanger — après en avoir perdu tant d'autres—c'est le poëte qui a fait tomber le peintre dans la fosse. Et pourtant M. Boulanger peint convenablement (voyez ses portraits) ; mais où diable a-t-il pris son brevet de peintre d'histoire et d'artiste inspiré? est-ce dans les préfaces ou les odes de son illustre ami ?

BOISSARD.

Il est à regretter que M. Boissard, qui possède les

2

qualités d'un bon peintre, n'ait pas pu faire voir cette année un tableau allégorique représentant la musique, la peinture et la poésie. Le jury, trop fatigué sans doute ce jour-là de sa rude tâche, n'a pas jugé convenable de l'admettre. M. Boissard a toujours surnagé au-dessus des eaux troubles de la mauvaise époque dont nous parlions à propos de M. Boulanger, et s'est sauvé du danger, grâce aux qualités sérieuses et pour ainsi dire naïves de sa peinture — son *Christ en croix* est d'une pâte solide et d'une bonne couleur.

SCHNETZ.

Hélas! que faire de ces gros tableaux italiens? — nous sommes en 1845 — nous craignons fort que Schnetz en fasse encore de semblables en 1855.

CHASSERIAU.

Le Kalife de Constantine suivi de son escorte.

Ce tableau séduit tout d'abord par sa composition. — Cette défilade de chevaux et ces grands cavaliers ont quelque chose qui rappelle l'audace naïve des grands maîtres. — Mais pour qui a suivi avec soin les études de M. Chasseriau, il est évident que bien des révolutions s'agitent encore dans ce jeune esprit, et que la lutte n'est pas finie.

La position qu'il veut se créer entre Ingres, dont il

est élève, et Delacroix qu'il cherche à détrousser, a quelque chose d'équivoque pour tout le monde, et d'embarrassant pour lui-même. Que M. Chasseriau *trouve son bien* dans Delacroix, c'est tout simple ; mais que, malgré tout le talent et l'expérience précoce qu'il a acquise, il le laisse si bien voir, là est le mal. Ainsi, il y a dans ce tableau des contradictions. — En certains endroits c'est déjà de *la couleur*, en d'autres ce n'est encore que coloriage — et néanmoins l'aspect en est agréable, et la composition, nous nous plaisons à le répéter, excellente.

Déjà, dans les illustrations d'Othello, tout le monde avait remarqué la préoccupation d'imiter Delacroix. — Mais, avec des goûts aussi distingués et un esprit aussi actif que celui de M. Chasseriau, il y a tout lieu d'espérer qu'il deviendra un peintre, et un peintre éminent.

DEBON.

La bataille d'Hastings.

Encore un pseudo-Delacroix ; — mais que de talent ! quelle énergie ! C'est une vraie bataille. — Nous voyons dans cette œuvre toutes sortes d'excellentes choses ; — une belle couleur, la recherche sincère de la vérité, et la facilité hardie de composition qui fait les peintres d'histoire.

VICTOR ROBERT.

Voilà un tableau qui a eu du guignon ; — il a été

suffisamment *blagué* par les savants du feuilleton, et nous croyons qu'il est temps de redresser les torts. — Aussi quelle singulière idée que de montrer à ces messieurs *la religion, la philosophie, les sciences et les arts éclairant l'Europe*, et de représenter chaque peuple de l'Europe *par une figure qui occupe dans le tableau sa place géographique!* Comment faire goûter à ces articliers quelque chose d'audacieux, et leur faire comprendre que l'allégorie est un des plus beaux genres de l'art?

Cette énorme composition est d'une bonne couleur, par morceaux, du moins; nous y trouvons même la recherche des tons nouveaux; de quelques-unes de ces belles femmes qui figurent les diverses nations, les attitudes sont élégantes et originales.

Il est malheureux que l'idée baroque d'assigner à chaque peuple sa place géographique ait nui à l'ensemble de la composition, au charme des groupes, et ait éparpillé les figures comme un tableau de Claude Lorrain, dont les bons hommes s'en vont à la débandade.

M. Victor Robert est-il un artiste consommé ou un génie étourdi? Il y a du pour et du contre, des bévues de jeune homme, et de savantes intentions. — En somme, c'est là un des tableaux les plus curieux et les plus dignes de l'attention du salon de 1845.

BRUNE

a exposé *le Christ descendu de la croix*. Bonne couleur, dessin suffisant.—M. Brune a été jadis plus original.—qui ne se rappelle *l'Apocalypse et l'Envie?* —Du reste il a toujours eu à son service un talent de facture ferme et solide, en même temps que très-facile, qui lui donne dans l'école moderne une place honorable et presque égale à celle de Guerchin et des Carrache, dans les commencements de la décadence italienne.

GLAISE.

M. Glaise a un talent — c'est celui de bien peindre les femmes. — C'est la Madeleine et les femmes qui l'entourent qui sauvent son tableau de la conversion de Madeleine — et c'est la molle et vraiment féminine tournure de Galathée qui donne à son tableau de Galathée et d'Acis un charme un peu original — Tableaux qui visent à la couleur, et malheureusement n'arrivent qu'au coloriage de cafés, ou tout au plus d'opéra, et dont l'un a été imprudemment placé auprès du Marc-Aurèle de Delacroix.

LÉPAULLE.

Nous avons vu de M. Lépaulle une femme tenant un vase de fleurs dans ses bras ; — c'est très-joli, c'est très-bien peint, et même — qualité plus grave — c'est naïf. — Cet homme réussit toujours ses tableaux quand il ne s'agit que de bien peindre, et qu'il a un joli modèle ; — c'est dire qu'il manque de goût et d'esprit. — Par exemple, dans le Martyre de saint Sébastien, que fait cette grosse figure de vieille avec son urne, qui occupe le bas du tableau, et lui donne un faux air d'ex-voto de village? Et pourtant c'est une peinture dont le *faire* a tout l'aplomb des grands maîtres. — Le torse du saint Sébastien, parfaitement bien peint, gagnera encore à vieillir.

MOUCHY.

Martyre de sainte Catherine d'Alexandrie.

M. Mouchy doit aimer Ribera, et tous les vaillants facturcurs; n'est-ce pas faire de lui un grand éloge? Du reste son tableau est bien composé. —Nous avons souvenance d'avoir vu dans une église de Paris — Saint-Gervais ou Saint-Eustache—une composition signée *Mouchy*, qui représente des moines. — L'aspect en est très-brun, trop peut-être, et d'une couleur moins variée que le tableau de cette année, mais elle a les mêmes qualités sérieuses de peinture.

APPERT.

L'Assomption de la Vierge a des qualités analogues — bonne peinture — mais la couleur, quoique vraie couleur, est un peu commune. — Il nous semble que nous connaissons un tableau du Poussin, situé dans la même galerie, non loin de la même place, et à peu près de la même dimension avec lequel celui-ci a quelque ressemblance.

BIGAND.

Les derniers instants de Néron.

Eh quoi! c'est là un tableau de M. Bigand! Nous

l'avons bien longtemps cherché. — M. Bigand le coloriste a fait un tableau tout brun — qui a l'air d'un conciliabule de gros sauvages.

PLANET

est un des rares élèves de Delacroix qui brillent par quelques-unes des qualités du maître.

Rien n'est doux, dans la vilaine besogne d'un compte-rendu, comme de rencontrer un vraiment bon tableau, un tableau original, illustré déjà par quelques huées et quelques moqueries.

Et en effet, ce tableau a été bafoué ; — nous concevons la haine des architectes, des maçons, des sculpteurs et des mouleurs, contre tout ce qui ressemble à de la peinture; mais comment se fait-il que des artistes ne voient pas tout ce qu'il y a dans ce tableau, et d'originalité dans la composition, et de simplicité même dans la couleur ?

Il y a là je ne sais quel aspect de peinture espagnole et galante, qui nous a séduit tout d'abord. M. Planet a fait ce que font tous les coloristes de premier ordre, à savoir, de la couleur avec un petit nombre de tons — du rouge, du blanc, du brun, et c'est délicat et caressant pour les yeux. La sainte Thérèse, telle que le peintre l'a représentée, s'affaissant, tombant, palpitant, à l'attente du dard dont l'amour divin va la percer, est une des plus heureuses trouvailles de la peinture moderne. —Les mains sont charmantes. —L'attitude, naturelle pourtant, est aussi poétique que possible. — Ce tableau respire une volupté excessive, et montre dans l'auteur un homme capable de très-bien comprendre un sujet — *car sainte Thérèse était brûlante d'un si grand amour de Dieu, que la violence de ce feu lui faisait jeter des cris... Et cette douleur n'était pas corporelle, mais spirituelle, quoique le corps ne laissât pas d'y avoir beaucoup de part.*

Parlerons-nous du petit Cupidon mystique suspendu en l'air, et qui va la percer de son javelot? — Non. — A quoi bon? M. Planet a évidemment assez de talent pour faire une autre fois un tableau complet.

DUGASSEAU.

Jésus-Christ entouré des principaux fondateurs du christianisme.

Peinture sérieuse, mais pédante—ressemble à un Lehman très-solide.

Sa *Sapho* faisant le saut de Leucade, est une jolie composition.

GLEYRE.

Il avait volé le cœur du public sentimental avec le tableau du *Soir*. — Tant qu'il ne s'agissait que de peindre des femmes solfiant de la musique romantique dans un bateau, ça allait, — de même qu'un pauvre opéra triomphe de sa musique à l'aide des objets décolletés ou plutôt déculottés et agréables à voir; — mais cette année, M. Gleyre voulant peindre des apôtres, — des apôtres, M. Gleyre ! — n'a pas pu triompher de sa propre peinture.

PILLIARD

est évidemment un artiste érudit; il vise à imiter les anciens maîtres et leurs sérieuses allures — ses tabeaux de chaque année se valent — c'est toujours le même mérite, froid, consciencieux et tenace.

AUGUSTE HESSE.

L'évanouissement de la Vierge.

Voilà un tableau évidemment choquant par la couleur — c'est d'une couleur dure, malheureuse et amère — mais ce tableau plaît à mesure qu'on s'y attache, par des qualités d'un autre genre. — Il a d'abord un mérite singulier — c'est de ne rappeler, en aucune manière, les motifs convenus de la peinture actuelle, et les ponsifs qui traînent dans tous les jeunes ateliers; — au contraire, il ressemble au *Passé;* trop peut-être — M. Auguste Hesse connaît évidemment tous les grands morceaux de la peinture italienne, et a vu une quantité innombrable de dessins et de gravures. — La composition est du reste belle et habile, et a quelques-unes des qualités traditionnelles des grandes écoles — la dignité, la pompe, et une harmonie ondoyante de lignes.

JOSEPH FAY.

M. Joseph Fay n'a envoyé que des dessins, comme M. Decamps — c'est pour cela que nous le classons dans les peintres d'histoire; il ne s'agit pas ici de la matière avec laquelle on fait, mais de la manière dont on fait.

M. Joseph Fay a envoyé six dessins représentant la vie des anciens Germains; — ce sont les cartons d'une frise exécutée à fresque, à la grande salle des réunions du conseil municipal de l'hôtel de ville d'Ebersfeld en Prusse.

Et en effet, cela nous paraissait bien un peu allemand, et, les regardant curieusement, et avec le plaisir qu'on a à voir toute œuvre de bonne foi, nous songions à toutes ces célébrités modernes d'outre-Rhin qu'éditent les marchands du boulevard des Italiens.

Ces dessins, dont les uns représentent la grande lutte entre Arminius et l'invasion romaine, d'autres, les jeux sérieux et toujours militaires de la Paix, ont un noble air de famille avec les bonnes compositions de Pierre Cornélius. — Le dessin est curieux, savant, et visant un peu au néo-Michel-Angelisme. — Tous les mouvements sont heureusement trouvés — et accusent un esprit sincèrement amateur de la forme, si ce n'est amoureux. — Ces dessins nous ont attirés parce qu'ils sont beaux, nous plaisent parce qu'ils sont beaux; — mais au total, devant un si beau déploiement des forces de l'esprit, nous regrettons toujours, et nous réclamons à grands cris l'originalité ; nous voudrions voir déployer ce même talent au profit d'idées plus modernes—disons mieux, au profit d'une nouvelle manière de voir et d'entendre les arts—nous ne voulons pas parler ici du choix des sujets — en ceci les artistes ne sont pas toujours libres, mais de la manière de les comprendre et de les dessiner.

En deux mots—à quoi bon tant d'érudition, quand on a du talent?

JOLLIVET.

Le *Massacre des Innocents*, de M. Jollivet, dénote un esprit sérieux et appliqué. — Son tableau est, il est vrai, d'un aspect froid et laiteux. — Le dessin n'est pas très-original ; mais ses femmes sont d'une belle forme, grasse, résistante et solide.

LAVIRON.

Jésus chez Marthe et Marie.

Tableau sérieux plein d'inexpériences pratiques. — Voilà ce que c'est que de trop s'y connaître, — de trop penser et de ne pas assez peindre.

MATOUT.

A donné trois sujets antiques — où l'on devine un esprit sincèrement épris de la forme, et qui repousse les tentations de la couleur pour ne pas obscurcir les intentions de sa pensée et de son dessin.

De ces trois tableaux c'est le plus grand qui nous plaît le plus, à cause de la beauté intelligente des lignes, de leur harmonie sérieuse, et surtout à cause du parti-pris de la manière, parti-pris qu'on ne retrouve pas dans *Daphnis* et *Naïs*.

Que M. Matout songe à M. Haussoullier, et qu'il voie tout ce que l'on gagne ici-bas, en art, en littérature, en politique, à être radical et absolu, et à ne jamais faire de concessions.

Bref, il nous semble que M. Matout connaît trop bien son affaire, et qu'il a trop *ça* dans la main — *Indè* une impression moins forte.

D'une œuvre laborieusement faite, il en reste toujours quelque chose.

JANMOT.

Nous n'avons pu trouver qu'une seule figure de M. Janmot — c'est une femme assise avec des fleurs sur les genoux. — Cette simple figure, sérieuse et mélancolique, et dont le dessin fin, et la couleur un peu crue rappelle les anciens maîtres allemands, ce gracieux Albert Durer nous avait donné une excessive curiosité de trouver le reste — mais nous n'avons pu y réussir — c'est certainement là une belle peinture — outre que le modèle est très-beau et très-bien choisi, et très-bien ajusté, il y a, dans la couleur même et l'alliance de ces tons verts, roses et rouges, un peu douloureux à l'œil, une certaine mysticité qui s'accorde avec le reste — il y a harmonie naturelle entre cette couleur et ce dessin.

Il nous suffit, pour compléter l'idée qu'on doit se faire du talent de M. Janmot, de lire dans le livret le sujet d'un autre tableau :

Assomption de la Vierge—partie supérieure : — la sainte Vierge est entourée d'anges dont les deux principaux représentent la *Chasteté* et l'*Harmonie*. Partie inférieure : *Réhabilitation de la femme; un ange brise ses chaînes.*

ETEX.

O sculpteur ! qui fîtes quelquefois de bonnes statues, vous ignorez donc qu'il y a une grande différence entre dessiner sur une toile et modeler avec de la terre,—et que la couleur est une science mélodieuse dont la triture du marbre n'enseigne pas les secrets — Nous comprendrions plutôt qu'un musicien voulût singer Delacroix — mais un sculpteur, jamais! — *O grand tailleur de pierre!* pourquoi voulez-vous jouer du violon ?

III

PORTRAITS.

LÉON COIGNET.

Un très-beau portrait de femme, dans le salon carré.

M. Léon Coignet est un artiste d'un rang très-élevé dans les régions moyennes du goût et de l'esprit. — S'il ne se hausse pas jusqu'au génie, il a un de ces talents complets dans leur modération qui défient la critique. M. Coignet ignore les caprices hardis de la fantaisie et le parti-pris des absolutistes. Fondre, mêler, réunir tout en choisissant, a toujours été son rôle et son but ; il l'a parfaitement bien atteint. Tout dans cet excellent portrait, les chairs, les ajustements, le fond, est traité avec le même bonheur.

DUBUFE.

M. Dubufe est depuis plusieurs années la victime de tous les feuilletonnistes *artistiques*. Si M. Dubufe est bien loin de sir Thomas Lawrence, au moins, n'est-ce pas sans une certaine justice qu'il a hérité de sa gracieuse popularité. — Nous trouvons, quant à nous, que le *Bourgeois* a bien raison de chérir l'homme qui lui crée de si jolies femmes, presque toujours bien ajustées.

M. Dubufe a un fils qui n'a pas voulu marcher sur les traces de son père, et qui s'est fourvoyé dans la peinture sérieuse.

Mlle EUGÉNIE GAUTIER.

Beau coloris, — dessin ferme et élégant. — Cette femme a l'intelligence des maîtres ; — elle a du Van Dyck ; — elle peint comme un homme. — Tous ceux qui se connaissent en peinture se rappellent le modelé de deux bras nus dans un portrait exposé au dernier Salon. La peinture de mademoiselle Eugénie Gautier n'a aucun rapport avec la peinture de femme, qui, en général, nous fait songer aux préceptes du bonhomme Chrysalde.

BELLOC.

M. Belloc a envoyé plusieurs portraits. — Celui de M. Michelet nous a frappés par son excellente couleur. — M. Belloc, qui n'est pas assez connu, est un des hommes d'aujourd'hui les plus savants dans leur art. — Il a fait des élèves remarquables, — mademoiselle Eugénie Gautier, par exemple, à ce que nous croyons. — L'an passé, nous avons vu de lui, aux galeries du boulevard Bonne-Nouvelle, une tête d'enfant qui nous a rappelé les meilleurs morceaux de Lawrence.

TISSIER

est vraiment coloriste; mais n'est peut-être que cela ; — c'est pourquoi son portrait de femme, qui est d'une couleur distinguée, et dans une gamme de ton très-grise, est supérieur à son tableau de religion.

RIESENER.

Est avec M. Planet un des hommes qui font honneur à M. Delacroix. — Le portrait du docteur H. de Saint-A..... est d'une franche couleur et d'une franche facture.

DUPONT.

Nous avons rencontré un pauvre petit portrait de demoiselle avec un petit chien, qui se cache si bien qu'il est fort difficile à trouver; mais il est d'une grâce exquise. — C'est une peinture d'une grande innocence, — apparente, du moins, mais très-bien composée, — et d'un très-joli aspect ; — un peu anglais.

HAFFNER.

Encore un nouveau nom, pour nous, du moins. M. Haffner a, dans la petite galerie, à une très-mauvaise place, un portrait de femme du plus bel effet. Il est difficile à trouver, et vraiment c'est dommage. Ce portrait dénote un coloriste de première force. Ce n'est point de la couleur éclatante, pompeuse, ni commune, mais excessivement distinguée, et d'une harmonie remarquable. La chose est exécutée dans une gamme de ton très-grise. L'effet est très-savamment combiné, doux et frappant à la fois. La tête, romantique et doucement pâle, se détache sur un fond gris, encore plus pâle autour d'elle, et qui, se rembrunissant vers les coins, a l'air de lui servir d'auréole. — M. Haffner a, de plus, fait un paysage d'une couleur très-hardie—un chariot avec un homme et des chevaux, faisant presque silhouette sur la clarté équivoque d'un crépuscule. — Encore un chercheur consciencieux... que c'est rare!...

PÉRIGNON

a envoyé neuf portraits, dont six de femmes. — Les têtes de M. Pérignon sont dures et lisses comme des objets inanimés. — Un vrai musée de Curtius.

HORACE VERNET.

M. Horace Vernet, comme portraitiste, est inférieur à M. Horace Vernet, peintre héroïque. Sa couleur surpasse en crudité la couleur de M. Court.

HIPPOLYTE FLANDRIN.

M. Flandrin, n'a-t-il pas fait autrefois un gracieux portrait de femme appuyée sur le devant d'une loge, avec un bouquet de violettes au sein? Mais il a échoué dans le portrait de M. Chaix-d'Est-Ange. Ce n'est qu'un semblant de peinture sérieuse; ce n'est pas là le caractère si connu de cette figure fine, mordante, ironique. — C'est lourd et terne.

Nous venons de trouver, ce qui nous a fait le plus vif plaisir, un portrait de femme de M. Flandrin, une simple tête qui nous a rappelé ses bons ouvrages. L'aspect en est un peu trop doux et a le tort de ne pas appeler les yeux comme le portrait de la princesse Belg..., de M. Lehman. Comme ce morceau est petit, M. Flandrin l'a parfaitement réussi. Le modelé en est beau, et cette peinture a le mérite, rare chez ces messieurs, de paraître faite tout d'une haleine et du premier coup.

RICHARDOT.

A peint une jeune dame vêtue d'une robe noire et verte, — coiffée avec une afféterie de Keepsake. — Elle a un certain air de famille avec les saintes de Zurbaran, et se promène gravement derrière un grand mur d'un assez bon effet. C'est bon — il y a là-dedans du courage, de l'esprit, de la jeunesse.

VERDIER.

A fait un portrait de mademoiselle Garrique, dans *le Barbier de Séville*. Cela est d'une meilleure facture que le portrait précédent, mais manque de délicatesse.

HENRI SCHEFFER.

Nous n'osons pas supposer, pour l'honneur de M. Henri Schelfer, que le portrait de Sa Majesté ait été fait d'après nature. — Il y a dans l'histoire contemporaine peu de têtes aussi accentuées que celle de *Louis-Philippe*. — La fatigue et le travail y ont imprimé de belles rides, que l'artiste ne connaît pas. — Nous regrettons qu'il n'y ait pas en France un seul portrait du Roi. — Un seul homme est digne de cette œuvre ; c'est M. Ingres.

Tous les portraits de Henri Scheffer sont faits avec la même probité, minutieuse et aveugle ; la même conscience, patiente et monotone.

LEIENDECKER.

En passant devant le portrait de mademoiselle Brohan, nous avons regretté de ne pas voir au Salon un autre portrait, — qui aurait donné au public une idée plus juste de cette charmante actrice, — par M. Ravergie, à qui le portrait de madame Guyon avait fait une place importante parmi les portraitistes.

DIAZ.

M. Diaz fait d'habitude de petits tableaux dont la couleur magique surpasse les fantaisies du kaleïdoscope. — Cette année, il a envoyé de petits portraits en pied ; un portrait est fait, non-seulement de couleur, mais de lignes et de modelé. — *C'est l'erreur d'un peintre de genre qui prendra sa revanche.*

IV

TABLEAUX DE GENRE.

BARON

a donné *les Oies du père Philippe*, un conte de la Fontaine.

C'est un prétexte à jolies femmes, à ombrages, et à tons variés quand même.

C'est d'un aspect fort attirant, mais c'est le rococo du romantisme. — Il y a là-dedans du Couture, un peu du faire de Célestin Nanteuil, beaucoup de tons de Roqueplan et de C. Boulanger.—Réfléchir devant ce tableau, combien une peinture excessivement savante et brillante de couleur, peut rester froide, quand elle manque d'un tempérament particulier.

ISABEY.

Un Intérieur d'alchimiste.

Il y a toujours là dedans des crocodiles, des oiseaux empaillés, de gros livres de maroquin, du feu dans des fourneaux, et un vieux en robe de chambre, — c'est-à-dire une grande quantité de tons divers. C'est ce qui explique la prédilection de certains coloristes pour un sujet si commun.

M. Isabey est un vrai coloriste — toujours brillant, — souvent délicat. Ç'a été un des hommes les plus justement heureux du mouvement rénovateur.

LECURIEUX.

Salomon de Caus, à Bicêtre.

Nous sommes à un théâtre de boulevard qui s'est mis en frais de littérature ; on vient de lever le rideau, tous les acteurs regardent le public.

Un seigneur, avec Marion Delorme onduleusement appuyée à son bras, *n'écoute pas* la complainte du Salomon qui gesticule comme un forcené dans le fond.

La mise en scène est bonne ; tous les fous sont pittoresques, aimables, et savent parfaitement leur rôle.

Nous ne comprenons pas l'effroi de Marion Delorme à l'aspect de ces aimables fous.

Ce tableau a un aspect uniforme de café au lait. La couleur en est roussâtre comme un vilain temps plein de poussière.

Le dessin, — dessin de vignette et d'illustration. A quoi bon faire de la peinture dite sérieuse, quand on n'est pas coloriste et qu'on n'est pas dessinateur ?

Mme CÉLESTE PENSOTTI.

Le tableau de madame Céleste Pensotti s'appelle *Rêverie du soir*. Ce tableau, un peu maniéré comme son titre, mais joli comme le nom de l'auteur, est d'un sentiment fort distingué. — Ce sont deux jeunes femmes, l'une appuyée sur l'épaule de l'autre, qui regardent à travers une fenêtre ouverte. — Le vert et le rose, ou plutôt le verdâtre et le rosâtre y sont doucement combinés. Cette jolie composition, malgré ou peut-être à cause de son afféterie naïve d'album romantique, ne nous déplaît pas ; — cela a une qualité trop oubliée aujourd'hui. C'est élégant, — cela sent bon.

TASSAERT.

Un petit tableau de religion presque galante. — La Vierge allaite l'enfant Jésus — sous une couronne de fleurs et de petits amours. L'année passée nous avions déjà remarqué M. Tassaert. Il y a là une bonne couleur, modérément gaie, unie à beaucoup de goût.

LELEUX FRÈRES.

Tous leurs tableaux sont très-bien faits, très-bien peints, et très-monotones, comme manière et choix de sujets.

LEPOITEVIN.

Sujets à la Henri Berthoud (voyez le livret). — Tableaux de genre, vrais tableaux de genre trop bien peints. Du reste, tout le monde aujourd'hui peint trop bien.

GUILLEMIN.

M. Guillemin, qui a certainement du mérite dans l'exécution, dépense trop de talent à soutenir une mauvaise cause ; — la cause de l'*esprit en peinture*. — J'entends par là envoyer à l'imprimeur du livret, des légendes pour le public du dimanche.

MULLER.

M. Muller croit-il plaire au public du samedi en choisissant ses sujets dans Shakspeare et Victor Hugo ? — De gros amours *Empire* sous prétexte de sylphes. — Il ne suffit donc pas d'être coloriste pour avoir du goût. — Sa *Fanny* est mieux.

DUVAL LECAMUS (père)

..... Sait d'une voix légère
Passer du grave au doux, du plaisant au sévère.

DUVAL LECAMUS (JULES).

A été imprudent d'aborder un sujet traité déjà par M. Roqueplan.

GIGOUX.

M. Gigoux nous a procuré le plaisir de relire dans

le livret le récit de la *mort de Manon Lescaut*. Le tableau est mauvais; pas de style; mauvaise composition, mauvaise couleur. Il manque de caractère, il manque de son sujet. Quel est ce Desgrieux? je ne le connais pas.

Je ne reconnais pas non plus là M. Gigoux, que la faveur publique faisait, il y a quelques années, marcher de pair avec les plus sérieux novateurs.

M. Gigoux, l'auteur du *Comte de Cominges*, de *François Ier assistant Léonard de Vinci à ses derniers moments*, M. Gigoux du Gilblas, M. Gigoux est une réputation que chacun a joyeusement soulevée sur ses épaules. Serait-il donc aujourd'hui embarrassé de sa réputation de peintre?

RUDOLPHE LEHMANN.

Ses Italiennes de cette année nous font regretter celle de l'an passé.

DE LA FOULHOUZE.

A peint un parc plein de belles dames et d'élégants messieurs, au temps jadis. C'est certainement fort joli, fort élégant, et d'une très-bonne couleur. Le paysage est bien composé. Le tout rappelle beaucoup Diaz, mais c'est peut-être plus solide.

PERESE.

La saison des roses. — C'est un sujet analogue, — une peinture galante et d'un aspect agréable, qui malheureusement fait songer à Wattier, comme Wattier fait songer à Wateau.

DE DREUX.

Est un peintre de la vie élégante, *high life*. — Sa *Châtelaine* est jolie, mais les Anglais font mieux dans le genre paradoxal. — Ses scènes d'animaux sont bien peintes; mais les Anglais sont plus spirituels dans ce genre animal et intime.

Mme CALAMATTA.

A peint une *Femme nue à sa toilette*. Vue de face, la tête de profil — fond de décoration romaine. L'attitude est belle et bien choisie. En somme, cela est bien fait. Madame Calamatta a fait des progrès. Cela ne manque pas de style, ou plutôt d'une certaine prétention au style.

PAPETY

promettait beaucoup, dit-on. Son retour d'Italie fut précédé par des éloges imprudents. Dans une toile énorme, où se voyaient trop clairement les habitudes récentes de l'académie de peinture, M. Papety avait néanmoins trouvé des poses heureuses et quelques motifs de composition, et malgré sa couleur d'éventail, il y avait tout lieu d'espérer pour l'auteur un avenir sérieux. Depuis lors, il est resté dans la classe secondaire des hommes qui peignent bien et ont des cartons pleins de motifs tout prêts. La couleur de ses deux tableaux (*Memphis*, — *Un assaut*) est commune. Du reste, ils sont d'un aspect fort différent, ce qui induit à croire que M. Papety n'a pas encore trouvé sa manière.

ADRIEN GUIGNET.

M. Adrien Guignet a certainement du talent ; il sait composer et arranger. Mais pourquoi donc ce doute perpétuel? Tantôt Decamps, tantôt Salvator. Cette année on dirait qu'il a colorié sur papyrus des motifs de sculpture égyptienne ou d'anciennes mosaïques (*les Pharaons*). Cependant Salvator et Decamps, s'ils faisaient Psammenit ou Pharaon, les feraient à la Salvator et à la Decamps. Pourquoi donc M. Guignet. . . . .?

MEISSONIER.

Trois tableaux : *Soldats jouant aux dés* — *Jeune homme feuilletant un carton* — *Deux buveurs jouant aux cartes*.

Autre temps, autres mœurs ; autres modes, autres écoles. M. Meissonnier nous fait songer malgré nous à M. Martin Drolling. Il y a dans toutes les réputations, même les plus méritées, une foule de petits secrets. — Quand on demandait au célèbre M. X*** ce qu'il avait vu au salon, il disait n'avoir vu qu'un Meissonnier, pour éviter de parler du célèbre M. Y***, qui en disait autant de son côté. Il est donc bon de servir de massue à des rivaux.

En somme, M. Meissonnier exécute admirablement ses petites figures. C'est un Flamand moins la fantaisie, le charme, la couleur et la naïveté—et la pipe!

JACQUAND.

fabrique toujours du Delaroche, vingtième qualité.

ROEHN.

Peinture *aimable* (argot de marchand de tableaux).

RÉMOND.

Jeune école de dix-huit cent vingt.

HENRI SCHEFFER.

Auprès de *Madame Roland allant au supplice*, la Charlotte Corday est une œuvre pleine de témérité. (Voir aux portraits.)

HORNUNG.

« *Le plus têtu des trois n'est pas celui qu'on pense.* »

BARD.

Voir le précédent.

GEFFROY.

Voir le précédent.

V

PAYSAGES.

COROT.

A la tête de l'école moderne du paysage, se place M. Corot. — Si M. Théodore Rousseau voulait exposer, la suprématie serait douteuse, M. Théodore Rousseau unissant à une naïveté, à une originalité au moins égales, un plus grand charme et une plus grande sûreté d'exécution. — En effet, ce sont la naïveté et l'originalité qui constituent le mérite de M. Corot. — Évidemment cet artiste aime sincèrement la nature, et sait la regarder avec autant d'intelligence que d'amour. — Les qualités par lesquelles il brille sont tellement fortes,—parce qu'elles sont des qualités d'âme et de fond — que l'influence de M. Corot est actuellement visible dans presque toutes les œuvres des jeunes paysagistes — surtout de quelques-uns qui avaient déjà le bon esprit de l'imiter et de tirer parti de sa manière, avant qu'il fût célèbre, et sa réputation ne dépassant pas encore le monde des artistes. M. Corot, du fond de sa modestie, a agi sur une foule d'esprits. — Les uns se sont appliqués à choisir dans la nature les motifs, les sites, les couleurs qu'il affectionne, à choyer les mêmes sujets; d'autres ont essayé même de pasticher sa gaucherie. — Or, à propos de cette prétendue gaucherie de M. Corot, il nous semble qu'il y a ici un petit préjugé à relever. — Tous les demi-savants, après avoir consciencieusement admiré un tableau de Corot et lui avoir loyalement payé leur tribut d'éloges, trouvent que cela pèche par l'exécution, et s'accordent en ceci, que définitivement M. Corot ne sait pas peindre. — Braves gens! qui ignorent d'abord qu'une œuvre de génie — ou si l'on veut — une œuvre d'âme — où tout est bien vu, bien observé, bien compris, bien imaginé — est toujours très-bien exécutée, quand elle l'est suffisamment — Ensuite — qu'il y a une grande différence entre un morceau *fait* et un morceau *fini* — qu'en général ce qui est bien *fait* n'est pas *fini*, et qu'une chose très-*finie* peut n'être pas *faite* du tout — que la valeur d'une touche spirituelle, importante et bien placée est énorme... etc... etc... d'où il suit que M. Corot peint comme les grands maîtres. — Nous n'en voulons d'autre exemple que son tableau de l'année dernière — dont l'impression était encore plus tendre et mélancolique que d'habitude. — Cette verte campagne où était assise une femme jouant du violon — cette nappe de soleil au second plan, éclairant le gazon, et le colorant d'une manière différente que le premier, était certainement une audace et une audace très-réussie. — M. Corot est tout aussi fort cette année que les précédentes — mais l'œil du public a été tellement accoutumé aux morceaux luisants, propres et industrieusement *astiqués*, qu'on lui fait toujours le même reproche.

Ce qui prouve encore la puissance de M. Corot, ne fût-ce que dans le métier, c'est qu'il sait être coloriste avec une gamme de tons peu variée — et qu'il est toujours harmoniste même avec des tons assez crus et assez vifs. — Il compose toujours parfaitement bien. — Ainsi dans *Homère et les Bergers*, rien n'est inutile, rien n'est à retrancher; pas même les deux petites figures qui s'en vont causant dans le sentier. — Les trois petits bergers avec leur chien sont ravissants, comme ces bouts d'excellents bas-reliefs qu'on retrouve dans certains piédestaux des statues antiques. — Homère ressemble peut-être trop à Bélisaire. — Un autre tableau plein de charmes est *Daphnis et Chloé* — et dont la composition a comme toutes les bonnes compositions — c'est une remarque que nous avons souvent faite — le mérite de l'inattendu.

FRANÇAIS.

Est aussi un paysagiste de premier mérite — d'un

mérite analogue à Corot, et que nous appellerions volontiers *l'amour de la nature* — mais c'est déjà moins naïf, plus rusé — cela sent beaucoup plus son peintre — aussi est-ce plus facile à comprendre. — *Le soir* est d'une belle couleur.

PAUL HUET.

Un vieux château sur des rochers. — Est-ce que par hasard M. Paul Huet voudrait modifier sa manière? — Elle était pourtant excellente.

HAFFNER.

Prodigieusement original — surtout par la couleur. C'est la première fois que nous voyons des tableaux de M. Haffner — nous ignorons donc s'il est paysagiste ou portraitiste de son état — d'autant plus qu'il est excellent dans les deux genres.

TROYON

fait toujours de beaux et de verdoyants paysages, les fait en coloriste et même en observateur, mais fatigue toujours les yeux par l'aplomb imperturbable de sa manière, et le papillottage de ses touches — On n'aime pas voir un homme si sûr de lui-même.

CURZON

a peint un site très-original appelé *les Houblons.* — C'est tout simplement un horizon à qui les feuilles et les branchages des premiers plans servent de cadre. — Du reste, M. Curzon a fait aussi un très-beau dessin, dont nous aurons tout à l'heure occasion de parler.

FLERS.

Je vais revoir ma Normandie,
C'est le pays.....

Voilà ce qu'ont chanté longtemps toutes les toiles de M. Flers. — Qu'on ne prenne pas ceci pour une moquerie. — C'est qu'en effet tous ces paysages étaient poétiques, et donnaient l'envie de connaître ces éternelles et grasses verdures qu'ils exprimaient si bien — mais cette année l'application ne serait pas juste, car nous ne croyons pas que M. Flers, soit dans ses dessins, soit dans ses tableaux, ait placé une seule Normandie. — M. Flers est toujours resté un artiste éminent.

WICKEMBERG.

Peint toujours très-bien ses *Effets d'hiver;* mais nous croyons que les bons Flamands dont il semble préoccupé, ont une manière plus large.

CALAME et DIDAY.

Pendant longtemps on a cru que c'était le même artiste atteint de *dualisme chronique;* mais depuis l'on s'est aperçu qu'il affectionnait le nom de Calame les jours qu'il peignait bien...

DAUZATS.

Toujours de l'Orient et de l'Algérie — c'est toujours d'une belle et ferme exécution !

FRÈRE.

(Voyez le précédent).

CHACATON

en revanche a quitté l'Orient ; mais il y a perdu.

LOUBON

fait toujours des paysages d'une couleur assez fine : ses *Bergers des Landes* sont une heureuse composition.

GARNEREY.

Toujours des beffrois et des cathédrales très-adroitement peints.

JOYANT.

Un palais des papes à Avignon, et encore *une Vue de Venise.* — Rien n'est embarrassant comme de rendre compte d'œuvres, que chaque année ramène avec leurs mêmes désespérantes perfections.

BORGET.

Toujours des vues indiennes ou chinoises, — sans

doute c'est très-bien fait; mais ce sont trop des articles de voyages ou de mœurs; — il y a des gens qui regrettent ce qu'ils n'ont jamais vu, le boulevard du Temple, ou les galeries de Bois ! — Les tableaux de M. Borget nous font regretter cette Chine où le vent lui-même, dit H. Heine, prend un son comique en passant par les clochettes, — et où la nature et l'homme ne peuvent pas se regarder sans rire.

PAUL FLANDRIN.

Qu'on éteigne les reflets dans une tête pour mieux faire voir le modelé, cela se comprend, surtout quand on s'appelle Ingres. — Mais quel est donc l'extravagant et le fanatique qui s'est avisé le premier d'*ingriser* la campagne?

BLANCHARD.

Ceci est autre chose, — c'est plus sérieux, ou moins *sérieux*, comme on voudra, — c'est un compromis assez adroit entre les purs coloristes, et les exagérations précédentes.

LAPIERRE et LAVIEILLE

sont deux bons et sérieux élèves de M. Corot. — M. Lapierre a fait aussi un tableau de *Daphnis et Chloé*, qui a bien son mérite.

BRASCASSAT.

Certainement, l'on parle trop de M. Brascassat,

qui, homme d'esprit et de talent comme il l'est, ne doit pas ignorer que dans la galerie des Flamands, il y a beaucoup de tableaux du même genre, tout aussi *faits* que les siens, et plus largement peints, — et d'une meilleure couleur. — L'on parle trop aussi de

SAINT-JEAN

qui est de l'école de Lyon, le bagne de la peinture, — l'endroit du monde connu où l'on travaille le mieux les infiniment petits. — Nous préférons les fleurs et les fruits de Rubens, et les trouvons plus naturels. — Du reste, le tableau de M. Saint-Jean est d'un fort vilain aspect, — c'est monotonement jaune. — Au total, quelque bien faits qu'ils soient, les tableaux de M. Saint-Jean sont des tableaux de salle à manger, — mais non des peintures de cabinet et de galerie, de vrais tableaux de salle à manger.

KIÖRBOE.

Des tableaux de chasse, —à la bonne heure! voilà qui est beau, voilà qui est de la peinture et de la vraie peinture, c'est large, — c'est vrai, — et la couleur en est belle. — Ces tableaux ont une grande tournure commune aux anciens tableaux de chasse ou de nature morte que faisaient les grands peintres, — et ils sont tous habilement composés.

PHILIPPE ROUSSEAU.

Le Rat de ville et le Rat des champs.

Est un tableau très-coquet et d'un aspect charmant. — Tous les tons sont à la fois d'une grande fraîcheur et d'une grande richesse. — C'est réellement faire des natures mortes, librement, en paysagiste, en peintre de genre, en homme d'esprit, et non pas en ouvrier, comme MM. de Lyon. — Les petits rats sont fort jolis.

BÉRANGER.

Les petits tableaux de M. Béranger sont charmants — comme des Meissonnier.

ARONDEL.

Un grand entassement de gibier de toute espèce. — Ce tableau mal composé, et dont la composition a l'air bousculé comme si elle visait à la quantité, a néanmoins une qualité très-rare par le temps qui court — il est peint avec une grande naïveté — sans aucune préoccupation d'école ni aucun pédantisme d'atelier. — D'où il suit qu'il y a des parties fort bien peintes.—Certaines autres sont malheureusement d'une couleur brune et rousse, qui donne au tableau je ne sais quel aspect obscur — mais, tous les tons clairs ou riches sont bien réussis. — Ce qui nous a donc frappés dans ce tableau est la maladresse mêlée à l'habileté — des inexpériences comme d'un homme qui n'aurait pas peint depuis longtemps, et de l'aplomb comme d'un homme qui aurait beaucoup peint.

CHAZAL

a peint le *Yucca gloriosa*, fleuri en 1844 dans le parc

de Neuilly. Il serait bon que tous les gens qui se cramponnent à la vérité microscopique et se croient des peintres, vissent ce petit tableau, et qu'on leur insufflât dans l'oreille avec un cornet les petites réflexions que voici : ce tableau est très-bien, non parce que tout y est, et que l'on peut compter les feuilles, mais parce qu'il rend en même temps le caractère général de la nature — parce qu'il exprime bien l'aspect vert crû d'un parc au bord de la Seine, et de notre soleil froid ; bref, parce qu'il est fait avec une profonde naïveté — tandis que vous autres, vous êtes trop... artistes — (*Sic*).

VI

DESSINS, — GRAVURES.

BRILLOUIN.

M. Brillouin a envoyé cinq dessins au crayon noir qui ressemblent un peu à ceux de M. Lehmud, mais ceux-ci sont plus fermes, et ont peut-être plus de caractère. — En général, ils sont bien composés. — Le Tintoret donnant une leçon de dessin à sa fille, est certainement une très-bonne chose. — Ce qui distingue surtout ces dessins est leur noble tournure, leur sérieux, et le choix des têtes.

CURZON.

Une sérénade dans un bateau, — est une des choses les plus distinguées du Salon. — L'arrangement de toutes ces figures est très-heureusement conçu; le vieillard au bout de la barque, étendu au milieu de ses guirlandes, est une très-jolie idée. — Les compositions de M. Brillouin et celle de M. Curzon ont quelque analogie; elles ont surtout ceci de commun, qu'elles sont bien dessinées — et dessinées avec esprit.

DE RUDDER.

Nous croyons que M. de Rudder a eu le premier l'heureuse idée des dessins sérieux et *serrés;* des cartons, comme on disait autrefois. — Il faut lui en savoir gré. — Mais quoique ses dessins soient toujours estimables et gravement conçus, combien néanmoins ils nous paraissent inférieurs à ce qu'ils veulent être ! que l'on compare, par exemple, *le Berger et l'Enfant,* aux dessins nouveaux dont nous venons de parler.

MARÉCHAL.

La *Grappe* est sans doute un beau pastel, et d'une bonne couleur ; mais nous reprocherons à tous ces messieurs de l'école de Metz, de n'arriver en général qu'à un *sérieux* de convention, et qu'à la singerie de la *maestria,* — ceci soit dit sans vouloir le moins du monde diminuer l'honneur de leurs efforts. — Il en est de même de

TOURNEUX

dont, malgré tout son talent et tout son goût, l'exécution n'est jamais à la hauteur de l'intention.

POLLET.

a fait deux fort bonnes aquarelles, d'après le Titien, où brille réellement l'intelligence du modèle.

CHABAL.

Des fleurs à la gouache, — consciencieusement étudiées et d'un aspect agréable.

ALPHONSE MASSON.

Les portraits de M. Masson sont bien dessinés. — Ils doivent être très-ressemblants ; car le dessin de l'artiste indique une volonté ferme et laborieuse ; mais aussi il est un peu dur et sec, et ressemble peu au dessin d'un peintre.

ANTONIN MOINE.

Toutes ces *fantaisies* ne peuvent être que celles d'un sculpteur. — Voilà pourtant où le romantisme a conduit quelques-uns !

VIDAL.

C'est l'an passé, à ce que nous croyons, qu'a commencé le préjugé des dessins Vidal. — Il serait bon d'en finir tout de suite. — On veut à toute force nous présenter M. Vidal comme un dessinateur sérieux. — Ce sont des dessins *très-finis*, mais non *faits;* néanmoins cela, il faut l'avouer, est plus élégant que les Maurin et les Jules David. — Qu'on nous pardonne d'insister si fort à ce sujet ; — mais nous connaissons un critique qui, à propos de M. Vidal, s'est avisé de parler de Watteau.

Mme DE MIRBEL

est ce qu'elle a toujours été ; — ses portraits sont parfaitement bien exécutés, et madame de Mirbel a le grand mérite d'avoir apporté la première, dans le genre si ingrat de la miniature, les intentions viriles de la peinture sérieuse.

HENRIQUEL-DUPONT

nous a procuré le plaisir de contempler une seconde fois le magnifique portrait de M. Bertin, par M. Ingres, le seul homme en France qui fasse vraiment des portraits. — Celui-ci est sans contredit le plus beau qu'il ait fait, sans en excepter le Chérubini. — Peut-être la fière tournure et la majesté du modèle a-t-elle doublé l'audace de M. Ingres, l'homme audacieux par excellence. — Quant à la gravure, quelque consciencieuse qu'elle soit, nous craignons qu'elle ne rende pas tout le parti-pris de la peinture. —Nous n'oserions pas affirmer, mais nous craignons que le graveur n'ait omis certain petit détail dans le nez ou dans les yeux.

JACQUE.

M. Jacque est une réputation nouvelle qui ira toujours grandissant, espérons-le. — Son *eau-forte* est très-hardie, et son sujet très-bien conçu. — Tout ce que fait M. Jacque sur le cuivre est plein d'une liberté et d'une franchise qui rappelle les vieux maîtres. On sait d'ailleurs qu'il s'est chargé d'une reproduction remarquable des eaux-fortes de Rembrandt.

VII

SCULPTURES.

BARTOLINI.

Nous avons le droit de nous défier à Paris des réputations étrangères. — Nos voisins nous ont si souvent pipé notre estime crédule avec des chefs-d'œuvre qu'ils ne montraient jamais, ou qui, s'ils consentaient enfin à les faire voir, étaient un objet de confusion pour eux et pour nous, que nous nous tenons toujours en garde contre de nouveaux piéges. Ce n'est donc qu'avec une excessive défiance que nous avons approché la *Nymphe au Scorpion*. — Mais cette fois il nous a été réellement impossible de refuser notre admiration à l'artiste étranger. — Certes nos sculpteurs sont plus adroits, et cette préoccupation excessive du métier absorbe aujourd'hui nos sculpteurs comme nos peintres ; — or, c'est justement à cause des qualités un peu mises en oubli chez les nôtres, à savoir : le goût, la noblesse, la grâce — que nous regardons l'œuvre de M. Bartolini comme le morceau capital du salon de sculpture. — Nous savons que quelques-uns des *sculptiers* dont nous allons parler sont très-aptes à relever les quelques défauts d'exécution de ce marbre, un peu trop de mollesse, une absence de fermeté; bref certaines parties veules et des bras un peu grêles; — mais aucun d'eux n'a su trouver un aussi joli motif; aucun d'eux n'a ce grand goût, et cette pureté d'intentions, cette chasteté de lignes qui n'exclut pas du tout l'originalité. — Les jambes sont charmantes; la tête est d'un caractère mutin et gracieux; il est probable que c'est tout simplement un modèle bien choisi (1). — Moins l'ouvrier se laisse voir dans une œuvre, et plus l'intention en est pure et claire, plus nous sommes charmés.

DAVID.

Ce n'est pas là, par exemple, le cas de M. David, dont les ouvrages nous font toujours penser à Ribéra. — Et encore, il y a ceci de faux dans notre comparaison, que Ribéra n'est homme de métier que par-dessus le marché — qu'il est en outre plein de fougue, d'originalité, de colère et d'ironie.

Certainement il est difficile de mieux modeler et de mieux faire le morceau que M. David. Cet enfant qui se pend à une grappe, et qui était déjà connu par quelques charmants vers de Sainte-Beuve, est une chose curieuse à examiner, c'est de la chair il est vrai; mais c'est bête comme la nature, et c'est pourtant une vérité incontestée que le but de la sculpture n'est pas de rivaliser avec des moulages. — Ceci conclu, admirons la beauté du travail tout à notre aise.

(1) Nous sommes d'autant plus fier de notre avis, que nous le savons partagé par un des grands peintres de l'école moderne.

BOSIO

Au contraire se rapproche de Bartolini par les hautes qualités qui séparent le grand goût d'avec le goût du trop vrai. — Sa *Jeune Indienne* est certainement une jolie chose — mais cela manque un peu d'originalité. — Il est fâcheux que M. Bosio ne nous montre pas à chaque fois des morceaux aussi complets que celui qui est au Musée du Luxembourg, et que son magnifique buste de la reine.

PRADIER.

On dirait que M. Pradier a voulu sortir de lui-même et s'élever, d'un seul coup, vers les régions hautes. Nous ne savons comment louer sa statue — elle est incomparablement habile—elle est jolie sous tous les aspects — on pourrait sans doute en retrouver quelques parties au Musée des Antiques ; car c'est un mélange prodigieux de dissimulations. — L'ancien Pradier vit encore assez sous cette peau nouvelle, pour donner un charme exquis à cette figure ; — c'est là certainement un noble tour de force ; mais la nymphe de M. Bartolini, avec ses imperfections, nous paraît plus originale.

FEUCHÈRE.

Encore un habile — mais quoi ! n'ira-t-on jamais plus loin ?

Ce jeune artiste a déjà eu de beaux salons — sa statue est évidemment destinée à un succès ; outre que son sujet est heureux, car les pucelles ont en général un public, comme tout ce qui touche aux affections publiques, cette Jeanne d'Arc que nous avions déjà vue en plâtre gagne beaucoup à des proportions plus grandes. Les draperies tombent bien, et non pas comme tombent en général les draperies de sculpteurs — les bras et les pieds sont d'un très-beau travail—la tête est peut-être un peu commune.

DAUMAS.

M. Daumas est, dit-on, un chercheur. — En effet, il y a des intentions d'énergie et d'élégance dans son *Génie maritime ;* mais c'est bien grêle.

ETEX.

M. Etex n'a jamais rien pu faire de complet. Sa conception est souvent heureuse — il y a chez lui une certaine fécondité de pensée qui se fait jour assez vite et qui nous plaît; mais des morceaux assez considérables déparent toujours son œuvre. Ainsi, vu par derrière, son groupe d'Héro et de Léandre a l'air lourd, et les lignes ne se détachent pas harmonieusement. Les épaules et le dos de la femme ne sont pas dignes de ses hanches et de ses jambes.

GARRAUD

avait fait autrefois une assez belle bacchante dont on a gardé le souvenir — c'était de la chair — son groupe de la *première Famille humaine* contient certainement des morceaux d'une exécution très-remarquable, mais l'ensemble en est désagréable et rustique, surtout par devant.— La tête d'Adam, quoiqu'elle ressemble à celle du Jupiter olympien, est affreuse. — Le petit Caïn est le mieux réussi.

DEBAY

est un peintre qui a fait un groupe charmant, le *Berceau primitif.*—Ève tient ses deux enfants sur un genou et leur fait une espèce de panier avec ses deux bras. La femme est belle, les enfants jolis — c'est surtout la composition de ceci qui nous plaît; car il est malheureux que M. Debay n'ait pu mettre au service d'une idée aussi originale qu'une exécution qui ne l'est pas assez.

CUMBERWORTH.

La Lesbie de Catulle pleurant sur le Moineau.

C'est de la belle et bonne sculpture. — De belles lignes, de belles draperies — c'est un peu trop de l'antique, dont

SIMART

s'est néanmoins encore plus abreuvé, ainsi que

FORCEVILLE-DUVETTE

qui a évidemment du talent, mais qui s'est trop souvenu de la Polymnie.

MILLET

a fait une jolie bacchante — d'un bon mouvement; mais n'est-ce pas un peu trop connu, et n'avons-nous pas vu ce motif-là bien souvent?

DANTAN

a fait quelques bons bustes, nobles, et évidemment ressemblants, ainsi que

CLESINGER

qui a mis beaucoup de distinction et d'élégance dans les portraits du duc de Nemours et de madame Marie de M...

CAMAGNI.

A fait un buste romantique de Cordelia, dont le type est assez original pour être un portrait. . . . .

. . . .

. . . .

. . . .

Nous ne croyons pas avoir fait d'omissions graves. — Le salon, en somme, ressemble à tous les salons précédents, sauf l'arrivée soudaine, inattendue, éclatante de M. William Haussoullier—et quelques très-belles choses, des Delacroix et des Decamps. Du reste, constatons que tout le monde peint de mieux en mieux, ce qui nous paraît désolant; — mais d'invention, d'idées, de tempérament, pas davantage qu'avant. — Au vent qui soufflera demain nul ne tend l'oreille; et pourtant l'héroïsme *de la vie moderne* nous entoure et nous presse. — Nos sentiments vrais nous étouffent assez pour que nous les connaissions. — Ce ne sont ni les sujets ni les couleurs qui manquent aux épopées. Celui-là sera le *peintre,* le vrai peintre, qui saura arracher à la vie actuelle son côté épique, et nous faire voir et comprendre, avec de la couleur ou du dessin, combien nous sommes grands et poétiques dans nos cravates et nos bottes vernies. — Puissent les vrais chercheurs nous donner l'année prochaine cette joie singulière de célébrer l'avénement du *neuf!*

www.ingramcontent.com/pod-product-compliance
Lightning Source LLC
LaVergne TN
LVHW050543100826
845148LV00002B/654

9782012624986